Pour tous les enfants, comme ma fille Imany, qui adorent les animaux de compagnie, de préférence les petits félins tout mignons. Amusez-vous bien en découvrant les récits de Many et Michou.

Auteure: © Marie-Darlene Jalbert 2021, darlynegospel@gmail.com

ISBN 978-2-9820065-0-8

Illustrations: © Chantal Piché 2021

Mise en page: Hendel Cardichon, scandal@hotmail.ca

Imprimé au Canada 2021

Cadeau d'anniversaire

Marie-Darlene Jalbert

Chantal Piché

Mise en page: Hendel Cardichon

C'est le 22 décembre et Many se réveille tout heureuse.
« Awww! » s'exclame-t-elle en s'étirant sur son lit.

2

« Regarde Lily, c'est tout blanc dehors » dit Many.
« Oh! Il neige! » répond Lily en regardant par la fenêtre.

« Bonjour maman »

« Bon matin ma princesse » répond maman
qui prépare le petit déjeuner.

« Tu as bien dormi Many? »

« Comme un ange maman »

4

Alors que les filles sont assises à la table,
Many a soudainement une question.

« Maman, est-ce que tu sais qu'aujourd'hui
c'est mon anniversaire? »

« Bien sûr ma chérie. Dis-moi Many,
quel est ton souhait le plus cher en cette journée toute spéciale? »

« Hum! » Soupire Many « Un chat!
J'aimerais tellement recevoir un
petit chat maman »

« Un petit félin! C'est une très
bonne idée comme cadeau
d'anniversaire » répond maman.

6

« Many, tu vas être en retard pour l'école. Vite! Vite! » lui dit papa.
« Euh! J'arrive papa » répond Many.

7

Lorsque Many est assise dans la voiture et qu'elle regarde la belle neige qui tombe, elle dit:

« Tu sais papa, c'est la dernière journée d'école aujourd'hui »

« Les vacances! Oui, les vacances! C'est les vacances. »
fredonne Lily tout heureuse. Papa se met donc à sourire.

Arrivés à l'école papa leur dit: « On se voit plus tard les filles »
« Oui, à plus tard papa » lui répond Lily.

Pendant que les enfants s'amusent à se lancer des balles de neige dans la cour d'école,

Many se dirige vers sa meilleure amie.

« Bon anniversaire Many! » lui dit Victoria en lui sautant dans les bras.

« Merci » répond Many en souriant.

Many entre dans la classe et ne peut s'empêcher de penser à son souhait d'anniversaire.

« Que se passe-t-il lorsque nous…? »

« Many! Est-ce que tu es encore avec nous? » demande Mme Fleurina.

« Ah! Oui, madame! » répond Many en sursautant.

C'est maintenant la fin des classes, les élèves sont enjoués et Mme Fleurina leur souhaite de belles vacances.

« Many, on s'écrit plus tard? » demande Victoria.

« D'accord » répond Many.

« Nous sommes là! »
crie Many en arrivant de l'école.

« N'oubliez pas de laver vos mains » dit maman

« D'accord »
répondent Many et Lily en déposant leurs sacs à dos.

« Humm! Ça sent bon! »
dit Lily l'eau à la bouche.

« Oui, je suis allée chercher du poulet frit pour le repas de ce soir » répond maman.

Le repas terminé, maman lave la figure de Lily alors que
Many regarde la télévision.

« Many tu veux aller me chercher mon téléphone dans ma
chambre stp? » demande maman.

Mais je ne vois pas le téléphone se dit Many.

« Il est où ton téléphone maman? Je ne le vois pas! »

« Demande à papa ma chérie » répond maman.

« Papa! Papa! Est-ce que tu as vu…? Ah! Un chat! » s'exclame Many.

« Bon anniversaire Many »
dit papa assis dans le salon
avec maman et Lily qui est
tout émerveillée.

17

« Quel sera son nom? » demande papa à Many.

« Hum! » pense Many en regardant le petit chat tout mignon.

« Michou! » dit Lily en admiration devant le petit félin.
« Ah! Oui, Michou! Parce qu'il est trop chou » répond Many tout heureuse.

Question

Bonjour _________________________
(nom de l'enfant)

J'ai oublié de faire quelque chose de très important quand mes parents m'ont offert mon super cadeau d'anniversaire.

Est-ce que tu sais ce que j'ai oublié?

Oui! Tu as tout à fait raison! J'étais tellement heureuse de recevoir Michou, que j'ai oublié de dire MERCI à mes parents.

Il ne faut jamais oublier de dire MERCI aux personnes qui posent des actions de gentillesse envers nous.

Est-ce que tu peux dire MERCI à la personne qui vient de lire cette belle histoire avec toi?

Allez! On le dit ensemble. 1 2 3 MERCI!

C'est super! Tu es génial.

À la prochaine.

Cette histoire est une dédicace à notre petit félin qui était plus qu'un animal de compagnie.

Il était un membre aimé de notre belle famille. Nous sommes heureux d'avoir eu la chance d'être sa famille adoptive jusqu'à la fin.